PAIDEIA
ÉDUCATION

MIXTE
Papier issu de sources responsables
Paper from responsible sources
FSC® C105338

MARGUERITE DURAS

La Pluie d'été

Analyse littéraire

© Paideia éducation.

22 rue Gabrielle Josserand - 93500 Pantin.

ISBN 978-2-7593-0379-3

Dépôt légal : Juin 2023

Impression Books on Demand GmbH

In de Tarpen 42

22848 Norderstedt, Allemagne

SOMMAIRE

- Biographie de Marguerite Duras.................................. 9

- Présentation de *La Pluie d'été*.................................. 15

- Résumé du roman... 19

- Les raisons du succès.. 25

- Les thèmes principaux... 29

- Étude du mouvement littéraire.................................... 33

- Dans la même collection.. 37

BIOGRAPHIE DE MARGUERITE DURAS

Marguerite Donnadieu est née le 4 avril 1914 à Gia-Dinh, près de Saigon, alors en Indochine française. Son père est professeur de mathématiques et sa mère institutrice. Ils se sont portés volontaires pour travailler dans les colonies de Cochinchine. Ils ont trois enfants : Pierre, Paul et Marguerite. En 1918, la famille s'installe à Phnom-Penh. Gravement malade, le père de Marguerite retourne en métropole où il meurt en 1921. Bénéficiant d'un congé administratif, sa mère retourne en métropole avec ses trois enfants. Ils habitent pendant deux ans dans la commune de Pardaillan, près de Duras, dans le Lot-et-Garonne. En 1924, Marguerite et ses deux frères suivent leur mère dans ses différents déplacements dont à Vinh-Long (sur les bords du Mékong). Après plusieurs années de déménagements successifs, elle achète une des terres que l'administration coloniale incite à acquérir. Mauvaise acquisition, elle en sort ruinée et reprend l'enseignement. Cette expérience marquera profondément Marguerite Duras : la famille vit alors dans une grande pauvreté. En 1930, Marie Donnadieu trouve une pension et un lycée à Saigon, pour que Marguerite suive des études secondaires au lycée Chasseloup Laubat. En 1931, Marguerite quitte l'Indochine avec son baccalauréat. Elle est envoyée en France pour poursuivre ses études de droit et de sciences politiques. En 1936, elle fait la connaissance de Robert Antelme (il deviendra son époux en 1939). Après avoir terminé sa licence et obtenu son diplôme de sciences politiques, elle trouve un emploi de secrétaire au ministère des Colonies en juin 1938. Robert Antelme est mobilisé dans l'armée à la fin de l'été. En 1940, elle cosigne un livre avec Philippe Roques : *L'Empire français*, une commande de propagande du ministre Georges Mandel, mais ne se reconnaît pas dans ce livre signé « Marguerite Donnadieu » et démissionne du ministère en novembre 1940. Son mari Robert Antelme est engagé à la préfecture de police de Paris.

Le couple s'installe à Saint-Germain-des-Prés. Marguerite est enceinte, elle accouche d'un garçon mort-né. En 1942, elle est engagée au comité d'organisation du livre : elle attribue le papier aux éditeurs – travail contrôlé par les Allemands. Elle rencontre Dionys Mascolo qui devient son amant. Au mois de décembre, elle apprend la mort de son frère Paul, en Indochine. En 1943, l'appartement de Robert et Marguerite devient un lieu de rencontres d'intellectuels. Le « groupe de la rue Saint-Benoît » se constitue autour de Marguerite Duras, Robert Antelme et Dionys Mascolo : Raymond Queneau, Michel Leiris, Georges Bataille, Michel Blanchot et Maurice Merleau-Ponty le fréquentent. Marguerite publie alors son premier roman *Les Impudents*. Elle le signe sous le nom de « Duras », le village où se trouve la maison paternelle. Elle rejoint la résistance au sein du Mouvement national des prisonniers de guerre avec Robert et Dionys, dans le réseau dirigé par François Mitterrand. En 1944, leur groupe tombe dans un guet-apens. Robert est arrêté par la Gestapo et emmené dans le camp de Buchenwald puis de Dachau, tandis que Marguerite Duras réussit à s'échapper. Cet épisode est relaté par Marguerite Duras dans *La Douleur*, et par Robert Antelme dans *L'Espèce humaine*. À l'automne 1944, elle s'inscrit au parti communiste français. En 1945, Robert Antelme sort miraculeusement vivant des camps, aidé par Mitterrand et Dionys. Le couple divorce en 1947. Marguerite vit désormais avec Dionys et ils donnent naissance à un fils, Jean Mascolo, le 30 juin 1947.

En 1950, le début de la guerre d'Indochine contraint sa mère à revenir en France. En mai, Marguerite est exclue du PCF. En 1951, elle connaît un grand succès avec son roman d'inspiration autobiographique, *Un barrage contre le Pacifique*, qui manque de peu le prix Goncourt. Elle se consacre dès lors exclusivement à l'écriture romanesque, cinématographique et théâtrale. Elle se sépare de Dionys Mascolo en 1956 et rencontre Gérard Jarlot, journaliste à *France-Dimanche*, en 1957. Celui-ci travaille alors avec elle à diverses adaptations cinématographiques et théâtrales. Pour la première fois un de ses romans, *Un barrage contre le Pacifique*, est adapté au cinéma. Sa mère meurt en 1957. En 1958, elle travaille pour des cinéastes en écrivant le scénario de *Hiroshima mon amour* d'Alain Resnais puis celui d'*Une aussi longue absence* de Henri Colpi.

Entre 1955 et 1960, elle milite contre la guerre d'Algérie et contre le pouvoir gaulliste. Elle est signataire du manifeste des 121. En 1961, elle se sépare de Gérard Jarlot et achète un appartement à Trouville-sur-Mer. En 1965, elle connaît son premier succès théâtral avec *Une journée entière dans les arbres* (interprété par Madeleine Renaud). Son talent est ainsi reconnu dans les trois domaines : littéraire, cinématographique et théâtral. Elle met en scène des personnages puisés dans la lecture des faits divers et innove sur le déplacement des acteurs. Fatiguée par l'alcool, elle fait une cure et s'arrête de boire. En 1969, peu satisfaite des adaptations que l'on fait de ses romans, elle se tourne vers le cinéma ; son premier film, *Détruire*, dit-elle se présente comme un manifeste cinématographique : celui du jeu des images, des voix et de la musique. Elle tourne ensuite *Nathalie Granger* et *India Song*. Elle réalise des œuvres expérimentales. La limite extrême est atteinte dans *L'Homme atlantique*, avec sa voix apposée sur une image complètement noire pendant trente minutes sur quarante.

Les années 1975-1980 sont marquées par des rechutes successives dans l'alcool. Après cinq semaines d'hospitalisation en 1980, elle écrit à Yann Lemée (dit Yann Andréa), un jeune admirateur rencontré cinq ans plus tôt à Caen. Yann Andréa devient très proche ; il l'accompagnera jusqu'à la fin de sa vie. Un soir, Yann Lemée lui téléphone. Ils se retrouvent, elle l'héberge et en fait son compagnon. Elle suit une cure de désintoxication à l'Hôpital américain de Neuilly en 1982. En 1983, elle reçoit le Grand Prix du Théâtre de l'Académie Française. En 1984, *L'Amant* reçoit le prix Goncourt ; c'est un succès mondial. Il fait d'elle l'un des écrivains vivants les plus lus. En 1987, elle essaie de donner une explication à son alcoolisme dans son livre *La Vie matérielle*.

La même année, Marguerite Duras devient éditrice aux éditions P.O.L., après un passage chez Gallimard et Minuit. La collection qu'elle dirige s'intitule « Outside ». L'expérience cessera en raison de désaccords littéraires entre Duras et la maison P.O.L. À la demande de Claude Berri, elle s'attelle à l'écriture du scénario de *L'Amant*, mais le travail est interrompu par une nouvelle hospitalisation, en 1988. Marguerite Duras est plongée dans un coma artificiel dont elle ne s'éveille que cinq mois plus tard. Pendant ce temps, le réalisateur Jean-Jacques Annaud avance sur le film et quand elle rejoint l'équipe en 1988, la collaboration tourne court et le film se fait sans elle. C'est en 1990, au sortir de ce long coma, qu'elle écrit *La Pluie d'été*, qui reprend ses thèmes de prédilection avec un mélange souverain de gravité et d'humour. En 1991, elle sort *L'Amant de la Chine du Nord*, en réaction au projet de film de Jean-Jacques Annaud. Marguerite Duras éprouve désormais des difficultés physiques pour écrire. D'autres livres paraissent ; ils sont dictés ou retranscrits. Elle meurt à Paris le 3 mars 1996, rue Saint-Benoît. Elle est enterrée au cimetière du Montparnasse.

Marguerite Duras reste aujourd'hui un des auteurs les plus étudiés dans les lycées. Certains textes sont traduits dans plus de 35 langues. Beaucoup de spécialistes expliquent l'œuvre de Marguerite Duras par son enfance indochinoise, son rapport ambigu avec son frère, son lien destructeur avec sa mère. C'est avoir peu d'estime pour son talent d'écrivain et son imagination narrative.

PRÉSENTATION DE LA PLUIE D'ÉTÉ

En sortant d'un long coma à 80 ans, Marguerite Duras s'est sentie une nouvelle jeunesse. À son réveil, elle aurait réclamé son texte en cours, *La Pluie d'été*, qui diffère du style qui lui a donné sa notoriété. Comme si elle s'était accordée une récréation, un retour en enfance, loin de ses propres carcans. Dans cet affranchissement ultime de l'écrivain, nous pouvons lire une sagesse et une porte ouverte vers une nouvelle approche de son écriture. Ce texte à mi-chemin entre roman et théâtre, mais où la parole est centrale, est paru le 1er janvier 1990 aux éditions P.O.L. La genèse de *La Pluie d'été* remonte à un petit conte pour enfants, qui parle d'un garçon, Ernesto, qui s'instruit tout seul : *Ah ! Ernesto* est écrit dans les années 1970. Le roman est aussi inspiré des *Enfants*, film réalisé en 1985 avec Jean Mascolo et Jean-Marc Turine. Dix ans plus tard donc, elle revient sur ce conte, développe l'histoire personnelle de ces personnages, la grossit, et finit par écrire un roman, à l'intérieur duquel elle insère les dialogues du film, pratiquement sans y toucher. Elle a ainsi procédé ici à l'inverse de son geste habituel d'écrivain. L'histoire se passe à Vitry-sur-Seine, banlieue tentaculaire, immense, vidée de tout ce qui fait une ville, réservoir plutôt avec, çà et là, des îlots secrets où l'on survit. C'est là que Marguerite Duras a tourné son film *Les Enfants* : « Pendant quelques années, le film est resté pour moi la seule narration possible de l'histoire. Mais souvent je pensais à ces gens, ces personnes que j'avais abandonnées. Et un jour j'ai écrit sur eux à partir des lieux du tournage de Vitry. »

L'œuvre parle d'une famille « aimante », avec ses problèmes « habituels », des enfants très nombreux qui ont peur d'être abandonnés, l'attachement trop fort d'un frère et d'une sœur, le désir des parents et leurs problèmes relationnels (un autre homme, jadis aimé à la folie par la mère, hante et nourrit leurs désirs). Marguerite Duras raconte l'histoire d'Ernesto « qui a entre 12 et 20 ans » : c'est un petit génie qui grandit dans une famille d'immigrés. Son père vient d'Italie, sa mère du Caucase peut-être, les frères et sœurs sont tous nés à Vitry, en banlieue parisienne. Les parents regardent leurs enfants vivre, dans l'effroi et l'amour. Ernesto aime sa sœur Jeanne à la folie, mais personne ne le sait. Il détourne les codes des adultes avec la simplicité déconcertante des enfants. Jeanne, la sœur follement aimée, s'occupe des « brothers » et des « sisters ». Autour d'eux, on observe la société et tout ce qui la fait tenir : dieu, l'éducation, la famille, la culture... Autant de principes et de certitudes que cette famille met en pièces avec gaieté, dans la violence. Des journalistes du monde entier viennent rendre visite à cette famille passionnée et vraie, dans toute la brutalité et l'amour que cela représente. Tel un conte de fée dans les bidonvilles de Vitry-sur-Seine, *La Pluie d'été* est un texte aux forts accents autobiographiques.

RÉSUMÉ DU ROMAN

La Pluie d'été est un récit écrit d'une seule traite et dans une continuité la plus sobre possible, avec des sauts de paragraphe qui signalent, dans la plus grande simplicité, les changements de scène ou de période. Le récit se mêle aux dialogues. Le texte s'ouvre sur le récit de l'histoire familiale, telle une fable ou un conte.

À Vitry-sur-Seine, Ernesto vit avec ses parents, des immigrés italo-slaves, sa sœur Jeanne et ses cinq autres « brothers et sisters » dans un pavillon prêté par l'assistance sociale, au milieu de la verdure. Ils vivent à l'écart de tout, leurs enfants sont livrés à eux-mêmes, ils ne vont pas à l'école. Si l'argent fait autant défaut que la culture dans cette famille en marge de la société, la vie n'en est pas moins riche en émotions et en complicités. Dans le tout petit endroit où vit cette famille, ce deux-pièces, cuisine et chambre avec un petit appentis pour loger sept enfants, la pièce appelle dès la première scène le personnage central de la mère, à moitié folle, possessive, détestée et adorée, qui ne permet rien et laisse tout faire, qui n'a lu aucun livre mais qui dit comprendre le monde par le biais de la maternité. La pièce où tout se passe est une sorte de cuisine à l'infini, omniprésente, qui pourrait être la cuisine de tout le monde. Le lieu de la famille, de l'origine. Les personnages s'échangent des paroles, comme dans un dialogue de théâtre, puis un narrateur reprend le fil de la fable.

Parfois, on ramasse des livres près des poubelles et un beau jour, Ernesto découvre un livre brûlé. Ernesto est un enfant surdoué. Il représente un puits de science innée. Il aborde son intelligence de manière émotionnelle et intérieure, il la laisse grandir. Il se met à lire, alors qu'il n'a jamais appris et se met à raconter l'histoire de David, le roi d'Israël à ses brothers et sisters, en inventant les passages qui ont disparu dans ce livre brûlé. Il a en fait découvert le livre *L'Ecclésiaste*, et suit à partir de là l'exemple de Qohélet, fils de David, qui commence par connaître le monde et finit par dire que tout se vaut. Ce jour-là, Ernesto va faire l'expérience de l'absolu. Absolue connaissance, amour absolu et absolue conscience de la vanité de la vie. Ce « devenir adulte » passe explicitement par la connaissance, le savoir, la spiritualité.

Devant un tel prodige, l'instituteur vient rendre visite à la famille et conseille aux parents de mettre Ernesto à l'école. Ernesto commence par ânonner devant Jeanne : « J'ai planté des arbres fruitiers, j'ai eu toutes les femmes du monde », puis, peu à peu, en intégrant le rôle et en le jouant de mieux en mieux, il le transcende pour aboutir à l'idée d'une connaissance qui n'apporte pas le bonheur escompté. Car à la fin de l'apprentissage, il y a un manque. Cette connaissance interroge, inquiète, perturbe. À force de comprendre sans apprendre, le petit garçon sait beaucoup de choses… Des journalistes se pressent bientôt à Vitry pour rencontrer le petit prodige.

Mais, après quelques jours, il veut quitter l'école, car comme il le dit à sa mère : « À l'école, on apprend des choses que je ne sais pas. » Les parents sont convoqués par l'instituteur ; ils lui expliquent ce que leur fils leur a confié. L'instituteur réalise que les parents sont plus enfants que son élève. Il tente quand même de faire retourner Ernesto à l'école, en allant le chercher chez lui. Ernesto, le génie, devient la curiosité de la ville, des médias, de la France entière. Un journaliste du « Fi-Fi Littéraire » vient rencontrer Ernesto à la maison pour savoir ce qu'il a voulu dire par : « À l'école, on apprend des choses que je ne sais pas. » Très vite, le journaliste sent le malaise s'installer dans la discussion et le fossé social se creuser. Ernesto est un être à part, déjà trop grand, qui a tout compris au monde, qui a appréhendé l'univers et qui maintenant a perdu espoir. Il a peur. Il fait peur. Il est alors comparé au roi d'Israël qui a tout appréhendé et qui a compris que « tout est vanité des vanités et poussière du vent » ; Ernesto a été saisi, il a l'intuition d'un monde incomplet. L'école ne peut donc rien lui apporter, hormis la peur, car il a compris qu'il manquait quelque chose au monde. Les parents, eux, ne croient plus en rien si ce n'est en leurs enfants, et aussi et surtout, en leur passé.

Bientôt Jeanne vit un amour incestueux avec Ernesto, mais ce paradis va prendre fin après la pluie d'été. Cet amour interdit entre le frère et la sœur, cette exploration de la mince frontière entre l'amour fraternel et l'amour passion sont suggérés plus que réellement décrits, les corps se touchent, se resserrent dans les jeux d'enfants. Car c'est la fin de l'enfance, ce paradis où l'on avait pas encore tout saisi. Quant à la mère, elle se réfugie dans les souvenirs russes de la Neva enneigée et repense à ce voyage qu'elle avait fait en train, traversant la Sibérie Centrale, sur les traces de son grand amour.

Un soir de pluie d'été, Ernesto s'arrache aux siens, brisant définitivement l'équilibre familial, tandis que la verte banlieue se couvre d'immeubles de béton. Jeanne suit les pas de son frère et s'enfuit. Le père et la mère se laissent alors mourir de chagrin, laissant le reste de leurs enfants livrés à eux-mêmes. À la fin, on apprend que les brothers et sisters ont été placés dans un orphelinat du Sud de la France. La vie d'Ernesto, devenu adulte, n'est possible que parce qu'il s'est libéré de tous les désirs. Tout cela finit avec une vieille dame disant que son héros ne peut continuer à vivre que parce qu'il ne désire plus rien et part enseigner les mathématiques qui, comme on le sait, n'expliquent ni la vie ni l'univers...

LES RAISONS
DU SUCCÈS

Les frontières entre littérature, théâtre et cinéma cèdent sous la plume de Marguerite Duras, scénariste d'*Hiroshima mon amour* (réalisé par Alain Resnais en 1959) qui se lance ensuite dans la réalisation. *La Pluie d'été* est sûrement l'un des récits les moins connus de Marguerite Duras. Il occupe une place très particulière dans son œuvre : s'il y a bien une histoire d'amour, entre frère et sœur (c'était déjà le cas par exemple dans *Agatha*), on note ici un certain « ancrage sociologique » : si les personnages sont somme toute assez fantomatiques (passé nébuleux, âge indéfini), l'histoire, elle, se situe dans un lieu précis, et non maritime, comme c'est souvent le cas chez Duras. Nous sommes à Vitry, au bord d'une autoroute, près d'un terrain vague, dans une famille d'immigrés, vivant des allocations familiales. Marguerite Duras fait alterner dialogues et narration ; on a l'impression que si, effectivement, l'auteur ancre plus que d'habitude son histoire dans un milieu sociologique, c'est pour mieux les en extraire, les placer au-delà du monde, au-dessus pour mieux l'appréhender. Marguerite Duras raconte partiellement de grandes histoires, des amours impossibles qui correspondent à un romantisme que nous nous efforçons d'oublier. Elle fait tout ceci avec une modernité tranchante. Son écriture a été longtemps et à tort considérée comme cérébrale. Ses livres parlent d'émotions en laissant de grandes parts d'ombre sur les motivations et instincts de chacun. Écrit à la fin de sa vie, ce texte diffère du style qui a donné sa notoriété à l'auteur. Elle s'est accordé une récréation, un retour en enfance, loin de ses propres carcans.

LES THÈMES
PRINCIPAUX

Dans *La Pluie d'été*, Marguerite Duras plonge la tête la première dans le monde des « prolos ». C'est comme si elle revenait, des années après sa période militante, au thème du prolétariat. *La Pluie d'été* ne raconte pas sa vie, ne convoque pas des intellectuels de gauche, des colons ou des ex-colons, des consuls... En regard de la description de la vie de cette famille, Marguerite Duras travaille sur le changement de visage définitif et irrémédiable de la banlieue. Elle en parle d'une façon extrêmement précise, et si l'on peut croire parfois que le fleuve dont elle parle dans *La Pluie d'été* n'est pas la Seine mais le Mékong, c'est bien Vitry-sur-Seine qu'elle décrit : la destruction des bidonvilles et la construction de barres d'immeubles HLM. Le nouveau visage de la banlieue parisienne… Ce processus est mis en perspective avec la fin de l'enfance, la perte de l'innocence, de cet « état de nature » qui permet de comprendre le monde, l'univers. C'est la disparition de ce qui était commun, en quelque sorte, au prolétariat mondial : le bidonville. À la place, on a créé une société qui parque les prolétaires dans des tours et des barres. Marguerite Duras a souvent dit que dans les plaines du Siam, elle se trouvait dans un état de nature qui comprenait le monde. Mais si *La Pluie d'été* est un roman de l'enfance qui comprend le monde, il aborde aussi, parallèlement, le thème de l'étranger ; Duras, étrangère en Indochine, invente ici une famille d'immigrés italiens et polonais en France.

L'entreprise d'arrachement de la famille est symbolisée par Ernesto : comment va-t-il faire pour se séparer de sa sœur qu'il aime ? De sa mère dont elle dit qu'il comprend tout ? Et de ce noyau qui représente les joies de l'enfance, de ces parents qui, adultes, ne portent pas moins en eux des joies enfantines. *La Pluie d'été* est un livre sur le devenir adulte. Les parents se comportent en enfants. Il y a cette envie de plaisir, il y a une absence de règles de vie sociales, une brutalité des rapports. Il y a surtout une absence de culpabilité, tout geste est fait indépendamment de ses conséquences. Tous vont se confronter à la société et se conformer peu à peu. Soit avec enrichissement, soit comme un enfermement.

Si la pièce s'ouvre dans une cuisine idéalisée, mais très concrète, l'univers ne va cesser de s'orienter vers un monde vaste et inconnu. Le texte trouve son caractère de fable contemporaine. Il en résulte cette histoire surprenante, drôle, farfelue et commune. Et pourtant c'est une famille trop bizarre pour être vraie. Il ne s'agit dans ce texte que d'amour, de tous les amours. Marguerite Duras nous rappelle qu'il existe un temps où chaque moment renferme une surprise. Cette époque oubliée s'appelle l'enfance.

ÉTUDE DU MOUVEMENT LITTÉRAIRE

La pensée de Marguerite Duras a trait à l'universalité. Elle fait le tour de toutes les questions, de tout le savoir, de tous les sentiments, de toutes les émotions : la joie, la peine, le sexe, la jouissance, la luxure, le mal, la guerre... Pourtant, au bout de ce chemin, il est impossible de comprendre vraiment ce qu'il y a. Marguerite Duras, on le sait, était fascinée par *L'Ecclésiaste* : elle arrive à la conclusion que, puisqu'on meurt, tout est vanité, que la joie vaut la tristesse, que la connaissance vaut la non-connaissance, que la méchanceté vaut la gentillesse. Marguerite Duras n'a cessé de dire que si elle buvait, c'était parce qu'elle avait la certitude de l'inexistence de Dieu. La vanité de la connaissance et du monde ne la conduit pas à la grâce, mais à une sorte de démence. Cela se retrouve chez Ernesto qui manque de devenir fou. Il part de l'école « parce qu'on y apprend des choses qu'on ne sait pas ». Comment rendre palpable le mystère de cette phrase ? Mais Marguerite Duras n'a aussi cessé de dire que la littérature devait plonger le lecteur dans un inconnu. Au sujet des enfants, on se demande toujours s'ils ont compris quelque chose du monde ou s'ils inventent ce qu'ils disent au moment où ils le disent. Marguerite Duras nous pose cette même question.

À la fin, Ernesto est libéré de tous ses désirs. Écrire n'est possible que parce que le vide absolu est une possibilité, même si elle est fantasmée. Cette sorte de sérénité résulte d'un double mouvement : celui d'être dans le monde et d'être hors du monde. C'est parce qu'il y a cette tension qu'il y a création.

DANS LA MÊME COLLECTION
(par ordre alphabétique)

- **Anonyme**, *La Farce de Maître Pathelin*
- **Anouilh**, *Antigone*
- **Aragon**, *Aurélien*
- **Aragon**, *Le Paysan de Paris*
- **Austen**, *Raison et Sentiments*
- **Balzac**, *Illusions perdues*
- **Balzac**, *La Femme de trente ans*
- **Balzac**, *Le Colonel Chabert*
- **Balzac**, *Le Lys dans la vallée*
- **Balzac**, *Le Père Goriot*
- **Barbey d'Aurevilly**, *L'Ensorcelée*
- **Barbey d'Aurevilly**, *Les Diaboliques*
- **Bataille**, *Ma mère*
- **Baudelaire**, *Les Fleurs du Mal*
- **Baudelaire**, *Petits poèmes en prose*
- **Beaumarchais**, *Le Barbier de Séville*
- **Beaumarchais**, *Le Mariage de Figaro*
- **Beauvoir**, *Mémoires d'une jeune fille rangée*
- **Beckett**, *En attendant Godot*
- **Beckett**, *Fin de partie*
- **Brecht**, *La Noce*
- **Brecht**, *La Résistible ascension d'Arturo Ui*
- **Brecht**, *Mère Courage et ses enfants*
- **Breton**, *Nadja*
- **Brontë**, *Jane Eyre*
- **Camus**, *L'Étranger*
- **Carroll**, *Alice au pays des merveilles*
- **Céline**, *Mort à crédit*

- **Céline**, *Voyage au bout de la nuit*
- **Chateaubriand**, *Atala*
- **Chateaubriand**, *René*
- **Chrétien de Troyes**, *Perceval*
- **Cocteau**, *La Machine infernale*
- **Cocteau**, *Les Enfants terribles*
- **Corneille**, *Le Cid*
- **Crébillon fils**, *Les Égarements du cœur et de l'esprit*
- **Defoe**, *Robinson Crusoé*
- **Dickens**, *Oliver Twist*
- **Du Bellay**, *Les Regrets*
- **Dumas**, *Henri III et sa cour*
- **Duras**, *L'Amant*
- **Duras**, *Un barrage contre le Pacifique*
- **Flaubert**, *Bouvard et Pécuchet*
- **Flaubert**, *L'Éducation sentimentale*
- **Flaubert**, *Madame Bovary*
- **Flaubert**, *Salammbô*
- **Gary**, *La Vie devant soi*
- **Giraudoux**, *Électre*
- **Giraudoux**, *La Guerre de Troie n'aura pas lieu*
- **Gogol**, *Le Mariage*
- **Homère**, *L'Odyssée*
- **Hugo**, *Hernani*
- **Hugo**, *Les Misérables*
- **Hugo**, *Notre-Dame de Paris*
- **Huxley**, *Le Meilleur des mondes*
- **Jaccottet**, *À la lumière d'hiver*
- **James**, *Une vie à Londres*
- **Jarry**, *Ubu roi*
- **Kafka**, *La Métamorphose*
- **Kerouac**, *Sur la route*
- **Kessel**, *Le Lion*

- **La Fayette**, *La Princesse de Clèves*
- **Le Clézio**, *Mondo et autres histoires*
- **Levi**, *Si c'est un homme*
- **London**, *Croc-Blanc*
- **London**, *L'Appel de la forêt*
- **Maupassant**, *Boule de suif*
- **Maupassant**, *Le Horla*
- **Maupassant**, *Une vie*
- **Molière**, *Amphitryon*
- **Molière**, *Dom Juan*
- **Molière**, *L'Avare*
- **Molière**, *Le Malade imaginaire*
- **Molière**, *Le Tartuffe*
- **Molière**, *Les Fourberies de Scapin*
- **Musset**, *Les Caprices de Marianne*
- **Musset**, *Lorenzaccio*
- **Musset**, *On ne badine pas avec l'amour*
- **Perec**, *La Disparition*
- **Perec**, *Les Choses*
- **Perrault**, *Contes*
- **Prévert**, *Paroles*
- **Prévost**, *Manon Lescaut*
- **Proust**, *À l'ombre des jeunes filles en fleurs*
- **Proust**, *Albertine disparue*
- **Proust**, *Du côté de chez Swann*
- **Proust**, *Le Côté de Guermantes*
- **Proust**, *Le Temps retrouvé*
- **Proust**, *Sodome et Gomorrhe*
- **Proust**, *Un amour de Swann*
- **Queneau**, *Exercices de style*
- **Quignard**, *Tous les matins du monde*
- **Rabelais**, *Gargantua*
- **Rabelais**, *Pantagruel*

- **Racine**, *Andromaque*
- **Racine**, *Bérénice*
- **Racine**, *Britannicus*
- **Racine**, *Phèdre*
- **Renard**, *Poil de carotte*
- **Rimbaud**, *Une saison en enfer*
- **Sagan**, *Bonjour tristesse*
- **Saint-Exupéry**, *Le Petit Prince*
- **Sarraute**, *Enfance*
- **Sarraute**, *Tropismes*
- **Sartre**, *Huis clos*
- **Sartre**, *La Nausée*
- **Senghor**, *La Belle histoire de Leuk-le-lièvre*
- **Shakespeare**, *Roméo et Juliette*
- **Steinbeck**, *Les Raisins de la colère*
- **Stendhal**, *La Chartreuse de Parme*
- **Stendhal**, *Le Rouge et le Noir*
- **Verlaine**, *Romances sans paroles*
- **Verne**, *Une ville flottante*
- **Verne**, *Voyage au centre de la Terre*
- **Vian**, *J'irai cracher sur vos tombes*
- **Vian**, *L'Arrache-cœur*
- **Vian**, *L'Écume des jours*
- **Voltaire**, *Candide*
- **Voltaire**, *Micromégas*
- **Zola**, *Au Bonheur des Dames*
- **Zola**, *Germinal*
- **Zola**, *L'Argent*
- **Zola**, *L'Assommoir*
- **Zola**, *La Bête humaine*
- **Zola**, *Nana*
- **Zola**, *Pot-Bouille*